CONTROLES Y

RAMA
LEGISLATIVA

APRUEBA JUECES FEDERALES *

* DECIDE SI UNA LEY ES *

INCONSTITUCIONAL

RAMA
JUDICIAL
CORTE SUPREMA

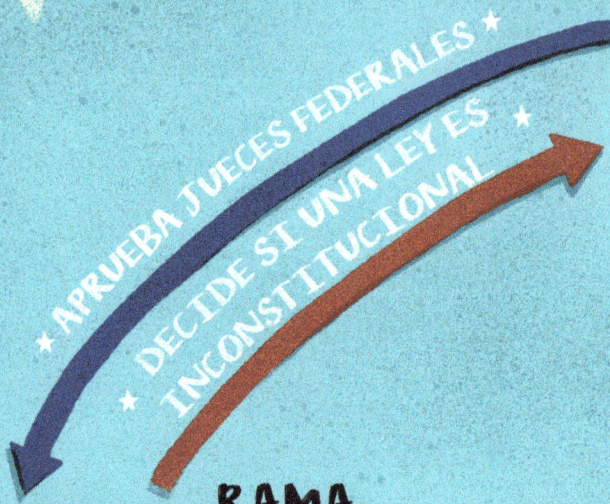

CONST

* PODER

* POD

* DECIDE SI

ES I

ONTRAPESOS

CONGRESO
SENADO Y CÁMARA DE REPRESENTANTES

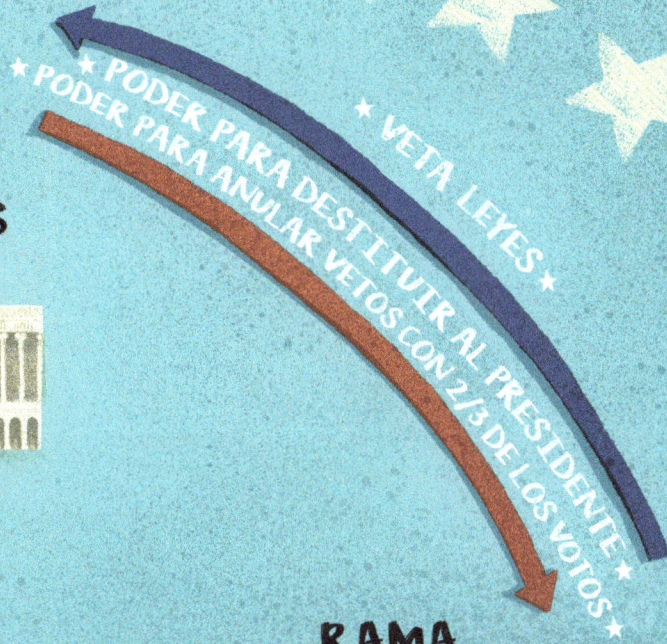

* PODER PARA DESTITUIR AL PRESIDENTE *

* VETA LEYES *

* PODER PARA ANULAR VETOS CON 2/3 DE LOS VOTOS *

UCIÓN

RAMA EJECUTIVA
PRESIDENTE

MBRAR JUECES *
INDULTAR *

* DEL PRESIDENTE *
TUCIONAL

Para Havana, una auténtica líder. K. D.
Para Nova y Roen, quienes están dispuestos
a cambiar el mundo. L. P.

© 2021, Vista Higher Learning, Inc.
500 Boylston Street, Suite 620. Boston, MA 02116-3736
www.vistahigherlearning.com • www.loqueleo.com/us

© Del texto: 2019, Kelly DiPucchio
© De las ilustraciones: 2019, LeUyen Pham

Publicado originalmente en Estados Unidos y Canadá bajo el título *Grace Goes to Washington*
por Disney / Hyperion Books. Esta traducción ha sido publicada bajo acuerdo con Disney Book Group, LLC.
y Hachette Book Group (texto) y Pippin Properties (ilustraciones).

Dirección Creativa: José A. Blanco
Director Ejecutivo de Contenidos e Innovación: Rafael de Cárdenas López
Editora General: Sharla Zwirek
Desarrollo Editorial: Lisset López, Isabel C. Mendoza
Diseño: Paula Díaz, Daniela Hoyos, Radoslav Mateev,
Gabriel Noreña, Andrés Vanegas
Coordinación del proyecto: Brady Chin, Tiffany Kayes
Derechos: Jorgensen Fernandez, Annie Pickert Fuller
Producción: Oscar Díez, Sebastián Díez, Andrés Escobar,
Adriana Jaramillo, Daniel Lopera, Daniela Peláez
Traducción: Daniel González

Grace va a Washington • ISBN: 9781543334807

Published in the United States of America
1 2 3 4 5 6 7 8 9 KP 25 24 23 22 21 20

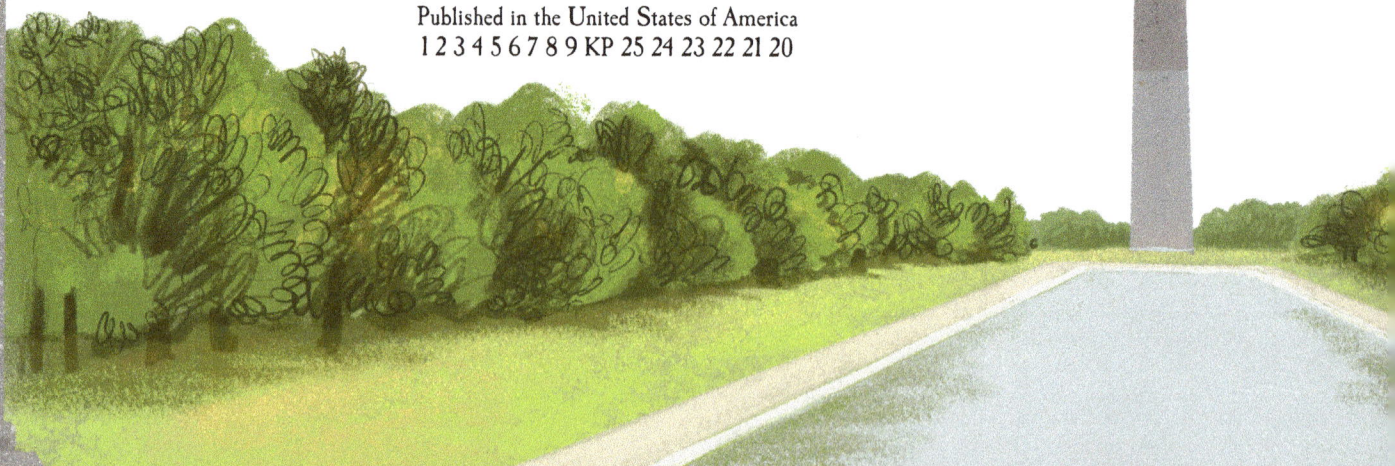

GRACE
★ VA A ★
WASHINGTON

Escrito por
Kelly DiPucchio

Ilustraciones de
LeUyen Pham

VISTA

CONTROLES Y CONTRA

RAMA LEGISLATIVA

CONGRESO

SENADO Y CÁM
DE REPRESENTA

CONSTITUCIÓN

* APRUEBA JUECES FEDERALES *

* DECIDE SI UNA LEY ES INCONSTITUCIONAL *

RAMA JUDICIAL

CORTE SUPREMA

* PODER P... ...MBRAR JUECES *
* PO... ...NDULTAR *

...CIDE... ...EL PR...
ES... ...UCI...

Un viernes por la tarde, en el mes de abril, la Sra. Barrington mostró un gran diagrama de las tres ramas del gobierno de Estados Unidos. Pero Grace Campbell no podía dejar de soñar con la excursión que pronto harían a Washington, D. C.

—Grace, ¿sabes quién está a cargo aquí? —preguntó la Sra. Barrington.

—¿Quién está a cargo aquí? —repitió Grace— ¿La directora Pérez? Algunos de sus compañeros se rieron.

RAMA
EJECUTIVA
PRESIDENTE

PODER PARA DESTITUIR AL PRESIDENTE
PARA ANULAR VETOS CON 2/3 DE LOS VOTOS
VETA LEYES

—Bueno —dijo la Sra. Barrington—, supongo que podrías decir que la directora Pérez es como la rama ejecutiva de nuestra escuela, ya que es la jefa de todos. Pero ahora estamos hablando del gobierno de Estados Unidos.

—Ah, perdón —contestó Grace—. Es el presidente, *o la presidenta*, quien está a cargo de la rama ejecutiva.

—¡Correcto! —dijo sonriendo la Sra. Barrington—. El presidente.

Sonó el último timbre
del día.

—Seguiremos hablando de
este tema la semana que
viene —anunció la maestra—.
Los miembros del consejo
estudiantil, Grace y Sam,
¡no olviden que tienen una
reunión después de clase!

En la reunión, los representantes de las clases estaban hablando sobre sus ideas acerca de cómo emplear el dinero que habían recaudado en la venta de pastelería que hicieron durante las fiestas.

Venta de pastelería

Galleta
Pastel
Bizcoc
Panqueci

MENTE SANA EN CUERPO SANO

LOS LIBROS SON

Thomas y su comité pidieron nuevo equipamiento deportivo.

MENTE SANA
EN CUERPO SANO

Grace y su comité pensaban que nuevos libros para la biblioteca era lo que más necesitaban.

LOS LIBROS
SON ESPEJO
PARA EL ALMA

La directora Pérez hizo su propia sugerencia.

El aula de música sin duda podría beneficiarse de algunos instrumentos nuevos.

El Sr. Marshall, el maestro de la mediateca, escuchaba atentamente todos los argumentos y tomaba notas.

—Todas esas son buenas ideas —admitió Grace más tarde conversando con Sam—. No creo que nos podamos poner todos de acuerdo antes de votar la semana que viene.

—¿Sabes en qué pensaba durante la reunión? —preguntó Sam.

—No, ¿en qué?

RAMA LEGISLATIVA

RAMA EJECUTIVA

DEL PRESIDENTE DE ESTADOS UNIDOS

—Si la directora Pérez es como la rama ejecutiva, creo que el consejo estudiantil es algo así como la rama legislativa, ya que nosotros somos los líderes elegidos de cada clase y ayudamos a tomar decisiones relacionadas con nuestra escuela.

Grace pensó en la comparación que había hecho Sam.

—Sí, ¿quién se hubiera imaginado que tanta gente podría opinar sobre cómo emplear el dinero de la venta de pastelería? —refunfuñó.

13

Al día siguiente, Grace apenas podía contener su emoción.

**¡POR FIN HABÍA LLEGADO
EL DÍA DE LA EXCURSIÓN!**

Al transitar el autobús por la avenida Pennsylvania,
se podían ver las calles salpicadas de flores de cerezo,
como pompones rosados.

14

Grace y sus compañeros de clase
visitaron el Monumento a Lincoln...

... el Capitolio de Estados Unidos,
donde se reúne la rama legislativa...

... y el edificio de la Corte Suprema.

—Ahí es donde se encuentran la rama judicial y los jueces de la Corte Suprema —indicó Sam—. Son ellos quienes deciden si nuestros reglamentos y leyes son justos.

—¡Como lo que hace el Sr. Marshall en las reuniones de nuestro consejo estudiantil! —añadió Grace.

Durante la visita a la Casa Blanca, sede de la rama ejecutiva, el sueño de Grace de convertirse en presidenta le pareció más real.

La última parada fue en el monumento a Martin Luther King, Jr.

Grace estudió las palabras grabadas en el
monumento y pensó en su significado.

HAZ QUE SER HUMANO SEA TU CARRERA.
COMPROMÉTETE CON LA NOBLE LUCHA POR LA IGUALDAD DE DERECHOS.
HARÁS DE TI MISMO UNA MEJOR PERSONA, DE TU PAÍS UNA MEJOR NACIÓN
Y DEL MUNDO UN MEJOR LUGAR PARA VIVIR.

Al día siguiente, durante el recreo, los debates sobre lo que se debería comprar para la escuela se volvieron más acalorados.

—¡Vean lo gastada que está la pelota de básquetbol! —se quejó Clara—. Casi ni sirve.

—¡Al menos tienes una pelota! —gruñó Fletcher—. Hay dos libros nuevos de la serie *Ninja Wizard*, pero nuestra biblioteca no tiene ninguno.

Hannah fue la que hizo más presión por los instrumentos nuevos.
—Bueno, por mi parte, ¡estoy cansada de tocar la flauta en la clase
de música! ¡La directora Pérez tiene razón!

Grace miró a Thomas, que,
extrañamente, estaba callado,
y levantó la mirada para ver
a quién estaba observando.

Grace no reconoció al chico
que estaba sentado solo.

"Debe ser nuevo", pensó.
Se veía como triste.

En ese momento sonó el timbre
y los estudiantes se dispersaron.

—¡Espera! —exclamó Grace, llamando
al chico—. ¡Olvidaste algo!

Grace le alcanzó su cuaderno de dibujos.
—Me gusta como dibujas —le dijo.

—Gracias —dijo el niño,
sonriendo.

Grace alcanzó a Thomas en el pasillo.
—Tengo una idea —le dijo.

Unos días más tarde, tuvo lugar la última
reunión del año del consejo estudiantil.

Ganancias de la
venta de pastelería
¡HOY VOTAMOS!

—Con permiso —interrumpió Grace—. Antes de la votación,
Thomas y yo quisiéramos presentarles a alguien.

—Él es Amán. Es nuevo en nuestra escuela. Quisiéramos que todos ustedes consideren una opción más para emplear el dinero de la venta de pastelería.

Juntos, desenrollaron un gran cartel.

—¡Lo llamamos el Paseo de la Amistad! —dijo Thomas con orgullo—. Amán nos ayudó a diseñarlo.

EL PASEO DE LA AMISTAD

AMIGOS

Mosaico
(podemos hacerlo
nosotros)

bancos para sentarse,
conversar, jugar

DAR

AMOR

COMP

pasto

flores para
ponerte feliz

—Es un lugar adonde podemos ir durante el recreo para que otros estudiantes sepan que necesitamos un amigo —explicó Amán.

A continuación, Thomas habló sobre la excursión a Washington, D. C., y Grace leyó una frase de Martin Luther King, Jr.

"Un mundo mejor y más amable comienza con nosotros y las decisiones que tomamos".

—Gracias por escucharnos.

Todos aplaudieron. La directora Pérez se secó algunas lágrimas.
El Sr. Marshall golpeó con su martillo y dijo:
—¡Es hora de votar!

Después de que se recolectaron y contaron los votos de los representantes de las clases, la presidenta del consejo estudiantil, Grace Campbell, dio un vistazo a los resultados y sonrió.

—La decisión es unánime —anunció con entusiasmo.

Urna de votación

Todos los miembros están a favor de...

... ¡EL PASEO DE LA AMISTAD!

El salón se llenó de vítores y aplausos felices.
La directora Pérez se sentó y, así como el presidente
ratifica una ley con su firma, aprobó los resultados
de las elecciones, haciendo oficial la decisión.

—Hoy ustedes dejaron a un lado sus propios deseos
y necesidades personales para servir a los demás
—dijo, radiante—. ¡Eso es el verdadero liderazgo!

Esta vez, todos estuvieron de acuerdo.

SEAMOS EL CAMBIO

NINGÚN ACTO AMABLE, POR PEQUEÑO QUE SEA, ES INÚTIL.

ESTAMOS UNIDOS

AMOR

Nota de la autora

Tal vez hayas escuchado sobre las tres ramas del gobierno, pero ¿qué son exactamente y qué hacen? En primer lugar, estas ramas no tienen nada que ver con las de los árboles. Fueron creadas por los fundadores de nuestra nación cuando escribieron la Constitución de Estados Unidos, en 1787. Cada rama única fue diseñada con su propio conjunto de responsabilidades, pero todas trabajan juntas para gobernar nuestro país.

Démosle un vistazo más detenido a lo que son las tres ramas y algunos de los trabajos que hacen.

La rama ejecutiva: El presidente de Estados Unidos lidera esta rama. El presidente tiene el poder de recomendar leyes nuevas, rechazar leyes y ratificar proyectos de ley con su firma. Él o ella además comanda nuestras fuerzas armadas, por eso a veces nos referimos al presidente como el Comandante en Jefe.

La rama legislativa: Esta rama del gobierno está compuesta por el Congreso, el cual está formado por dos grupos: la Cámara de Representantes y el Senado. Estos funcionarios elegidos por voto popular son los representantes y senadores de nuestros estados. Su trabajo consiste en aprobar proyectos de ley y hacer leyes para nuestro país. La rama legislativa tiene además el poder de rechazar una resolución del presidente y puede votar para destituir al presidente de su cargo.

La rama judicial: La tercera rama está formada por el tribunal superior del país, la Corte Suprema. En la Corte Suprema hay nueve jueces. Ellos no hacen las leyes. Toman decisiones sobre las leyes para determinar si son justas basándose en la Constitución de Estados Unidos. Mientras que la rama ejecutiva y la rama legislativa son elegidas por los ciudadanos, la rama judicial es elegida por el presidente y aprobada por el Senado.

Tal vez te preguntes por qué necesitamos tres ramas separadas para gobernar en vez de una gran rama. La Constitución creó un sistema de *controles y contrapesos* para evitar que una rama tenga demasiado poder. A esto le llamamos *separación de poderes*, lo cual es una característica muy importante de la forma como funciona nuestro gobierno democrático, ya que asegura que el sistema sea justo y protege los derechos de las personas.

Aunque muchos de ustedes, los lectores de este libro, son demasiado jóvenes para votar por los líderes que representan a nuestro país y hacen nuestras leyes, nunca se es demasiado joven para participar. Puedes convertirte en un líder en tu escuela o tu comunidad, como Grace. ¡Tu voz importa! ¡Tú importas! Y tú también puedes marcar la diferencia.

—*K. D.*

¿Cómo puedes participar y marcar la diferencia?

☆ Funda un club de civismo en tu escuela para estudiantes interesados en desarrollar sus destrezas de liderazgo mediante la participación en la comunidad y la responsabilidad ciudadana.

☆ Haz un recorrido guiado por el edificio del capitolio de tu estado o del ayuntamiento de tu ciudad para aprender más acerca del proceso legislativo, así como sobre la arquitectura y la historia del edificio.

☆ Aprende sobre la Constitución de Estados Unidos y la Carta de Derechos. Escribe tu propia constitución para tu familia o tu clase.

☆ Acompaña a un miembro de tu familia a votar el día de las elecciones.

☆ Escríbele una carta al presidente, el gobernador de tu estado u otro funcionario elegido por voto popular para comunicarle tus preocupaciones o tus ideas para el futuro.

☆ Asiste a un acto o mitin político con parientes o amigos.

☆ Aprende sobre los candidatos políticos y/o sus propuestas y crea tus propios carteles de campaña electoral.

☆ Inspira a tu comunidad a aprender sobre las diversas tradiciones, comidas, ropa, idiomas y celebraciones de las personas que viven en tu vecindario para que sea más inclusiva culturalmente.

☆ Asiste a una reunión de tu concejo municipal.

☆ Crea tu propio periódico donde destaques sucesos, personas y programas notables en tu comunidad o en el país.

☆ Dona comida, ropa, libros o tu tiempo a organizaciones locales que ayuden a personas necesitadas de tu comunidad.

☆ Sugiere celebrar un simulacro de elecciones en tu clase.

☆ Visita los museos históricos de tu ciudad y estado.

☆ Identifica una cosa que creas que haría de tu comunidad un mejor lugar para vivir. Intercambia ideas con otros sobre cómo podrías marcar la diferencia en este tema.

CONTROLES Y

RAMA
LEGISLATIVA

APRUEBA JUECES FEDERALES *

* DECIDE SI UNA LEY ES *

INCONSTITUCIONAL

RAMA
JUDICIAL
CORTE SUPREMA

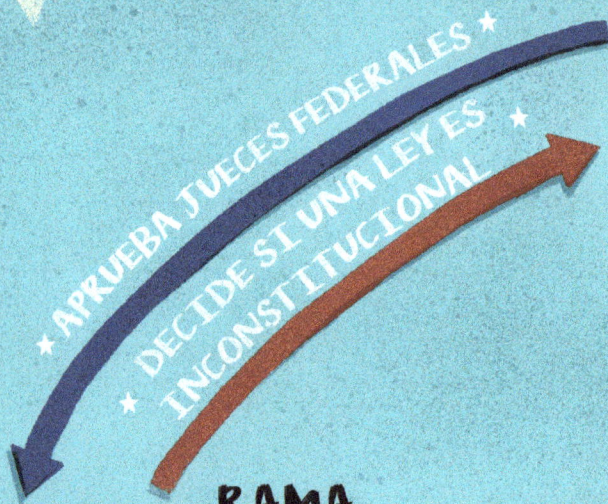

CONST

* PODER P
* PODE

* DECIDE SI
ES IN

ONTRAPESOS

CONGRESO

SENADO Y CÁMARA
DE REPRESENTANTES

★ PODER PARA DESTITUIR AL PRESIDENTE ★

★ PODER PARA ANULAR VETOS CON 2/3 DE LOS VOTOS ★

★ VETA LEYES ★

UCIÓN

**RAMA
EJECUTIVA**

PRESIDENTE

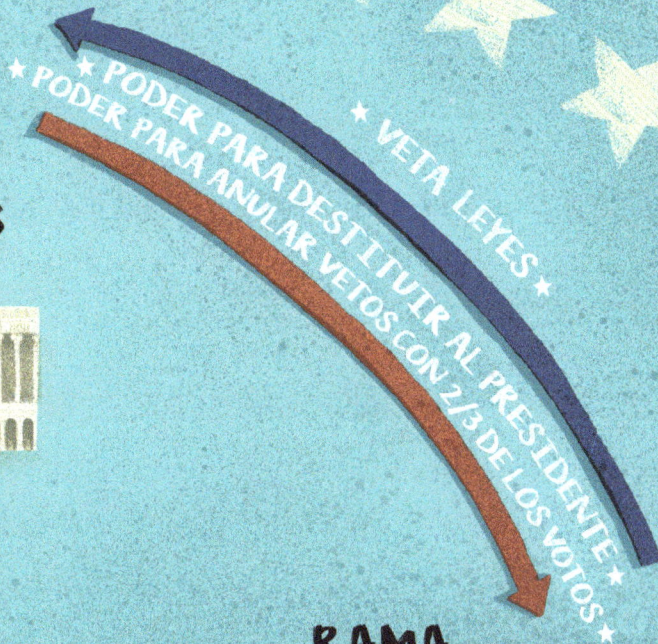

★ MBRAR JUECES ★
★ NDULTAR ★

★ DEL PRESIDENTE ★
★ TUCIONAL

Sobre la autora

Kelly DiPucchio es la galardonada autora de más de veinte libros para niños, incluidos *The Sandwich Swap*, escrito en colaboración con la reina de Jordania, Rania Al Abdullah, e ilustrado por Tricia Tusa; el libro superventas de la lista de The New York Times *Grace for President* (ahora disponible en español como *Grace para presidenta*), ilustrado por LeUyen Pham; *Gaston*, ilustrado por Christian Robinson; y *Poe Won't Go*, ilustrado por Zachariah OHora. Kelly vive con su familia en el sureste de Michigan y te invita a visitar su sitio web en kellydipucchio.com.

Sobre la ilustradora

LeUyen Pham es la ilustradora superventas de muchos libros infantiles, incluidos *Grace for President* (ahora disponible en español como *Grace para presidenta*) de Kelly DiPucchio; la serie *Vampirina Ballerina* de Anne Marie Pace y la serie *Princess in Black* de Shannon y Dean Hale. LeUyen también ha escrito e ilustrado sus propias obras, incluidas *Big Sister, Little Sister* y *The Bear Who Wasn't There*. Vive con su esposo y dos hijos en Los Ángeles. Visita leuyenpham.com para conocerla mejor.

★ Urna de votación ★

www.ingramcontent.com/pod-product-compliance
Lightning Source LLC
Chambersburg PA
CBHW042355030426
42336CB00029B/3487